Fœcunda virorum
Paupertas fugitur.

UNE loi du 29 thermidor dernier augmente le traitement attribué à titre d'indemnité aux Représentans du peuple.

L'économie est dans les circonstances actuelles la plus importante des vertus publiques, et les deux Conseils sont fortement convaincus de cette vérité.

Mais une nécessité sans doute impérieuse, entraînant la majorité de leurs membres, a triomphé de leur répugnance à adopter une mesure, dont le double inconvénient a été de contrarier leurs principes d'économie et de les rendre juges dans leur propre cause.

Cependant cette nécessité a-t-elle été en effet bien clairement démontrée? J'avoue que ce n'est pas mon opinion individuelle. Je ne puis croire que l'on ait suffisamment approfondi les questions suivantes.

1°. Est-il bien prouvé qu'un Représentant du peuple qui communément jouit par lui-même de quelque revenu, soit dans l'impuissance absolue de vivre décemment lui et sa famille avec un traitement devenu plus fort qu'il ne l'avait jamais été?

A

(2)

Cette assertion n'est-elle pas démentie par l'expérience du passé? ne choque-t'elle pas les maximes de frugalité qui conviennent a une République? n'est-elle pas en contradiction avec plusieurs principes généralement admis et notamment celui-ci : qu'une veuve de militaire chargée de six enfans n'a nulle part, ni dans aucun cas de besoins, quand elle jouit de six cent francs de revenu?

2º. Quand la constitution a fixé à trois mille myriagrames de froment l'indemnité d'un Représentant du peuple, lui a-t-elle permis de rien recevoir au-delà? La Convention nationale pouvait sans contredit décréter une indemnité plus forte. Elle ne l'a cependant pas fait. Le Corps Législatif d'aujourd'hui peut-il et doit-il le faire?

Peut-on présumer que l'intention de la Constitution ait été d'allouer a un Représentant du peuple, indépendamment de son indemnité, un logement en nature, un secrétaire, etc.?

Ces choses-là n'étaient point d'usage quand la Constitution fut faite; et depuis long-temps cependant, il existait des députés dont les fonctions étaient même plus étendues que les nôtres.

Un législateur qui jette chez lui à la hâte sur le papier l'opinion qu'il va prononcer à la tribune, a-t-il besoin d'un secrétaire, sorte de collàborateur qui devient incommode dès le moment qu'il n'est pas utile ?

3°. S'il est défendu à tout fonctionnaire public par l'article CCCLXX de la Constitution, de renoncer à une partie de son traitement ou de son indemnité, même par de louables motifs, l'obligation de ne rien accepter au-delà n'est-elle pas pour lui plus impérieuse encore ? Ne repugnerait-il pas a toute idée d'ordre et de justice que ce que la vertu même ne saurait justifier dans un sens, l'intérêt pût le justifier dans un sens contraire ?

4°. Quand même la mesure dont il s'agit ici serait convenable et permise en elle-même, n'est-elle pas actuellement du moins extrèmement intempestive ? N'est-elle pas propre à rompre la balance entre les recettes et les dépenses de la République et à exciter à cet égard de nouvelles plaintes ?

N'affaiblit-elle pas un peu cette force morale, dont le Corps Législatif a besoin pour attaquer les dilapidateurs de la fortune publique, et ne le dépouille-t-elle pas d'une portion de cette confiance qui est comme le ressort magique de sa toute puissance ?

5°. Dans le cas où il serait seulement douteux, que la mesure en question fut utile et constitutionnelle, ne serait-ce pas très-à-propos que l'on ferait ici l'application de cette maxime d'un sage : *Dans le doute abstiens-toi.*

Si toutes ces questions avaient été débattues avec le degré d'attention qu'elles semblent mériter ; je ne puis m'empêcher de penser que le désintéressement qui a eu, dans l'âme des législateurs, l'honneur d'un combat opiniâtre, n'eût eu même définitivement celui de la victoire.

Il m'a semblé que la crainte de livrer en quelque sorte le Conseil des Cinq-cents au jugement incertain de l'opinion publique , avait détourné quelques membres du Conseil des Anciens de voter contre la résolution ; mais quoique ce motif émane d'un principe bien respectable , je ne puis m'empêcher de trouver ici quelque inconvenance dans l'application.

Aucune considération ne doit faire approuver une résolution vicieuse , et le moyen de sauver au Conseil des Cinq cents le reproche de l'avoir prise , est assurément de la rejetter.

Si le Conseil des Cinq cents prenait sciemment une mauvaise résolution, il serait sans doute répréhensible à ses propres yeux ; mais quelques sages que lui paroissent ses résolutions, il ne se rend jamais garant de leur perfection. Il en voit journellement rejetter plusieurs , sans qu'aucune idée mortifiante pour lui soit attachée à ce rejet.

Bien loin de-là , ses résolutions sont un dépôt qu'il remet avec confiance dans les mains du Conseil des Anciens , bien assuré qu'il n'en sortira que pour lui assurer l'honneur d'une bonne loi , ou pour lui sauver le reproche d'une loi imparfaite.

Aucune responsabilité privative au Conseil des Cinq-cents n'est donc attachée aux résolutions qu'il a prises.

D'ailleurs on ne garantit point son ami d'une chûte , quand on se précipite avec lui. La preuve d'intérêt la plus sure qu'on puisse lui donner , est de le soutenir ou de le relever , au risque même de l'offenser un instant. Celui qui m'arrache avec effort l'épine qui vient de m'arrêter au milieu de ma course , peut bien , au premier instant , me surprendre un cri de douleur ; mais j'y fais succéder bientôt les accens de la reconnaissance.

Quoiqu'il en soit , il est certain que l'événement a rendu au Conseil des Cinq-cents le plus beau rôle , le rôle peut-être le plus honorable pour l'humanité , celui de reconnaître et de réparer une erreur.

Tout ce qui restera entre les mains d'un Représentant du peuple , après qu'il aura satisfait et à ses besoins et à ses devoirs , il le reversera , me dit-on , dans le sein des malheureux. Je le crois ; mais la bienfaisance particulière ne répare que

A 3

très-imparfaitement les maux qui résultent de la prodigalité publique ; elle est la digne récréation d'un Représentant du peuple ; mais une bienfaisance d'un autre ordre constitue ses véritables devoirs.

Qu'est-ce que trois millions , disent quelques personnes, dans un état aussi riche que la France ? Ah ! ne nous accoutumons pas à regarder trois millions comme une bagatelle.

Avec trois millions on peut cicatriser quelques-unes des plaies les plus profondes de l'État. On peut conserver l'existence d'une foule d'infortunés ; on peut tarir un déluge de larmes ; on peut appaiser une infinité de réclamations et de plaintes ; on peut attirer sur le Gouvernement de précieuses bénédictions ; on peut remporter des victoires ; on peut faire germer d'utiles établissemens , qui, pendant la perpétuité des tems , contribueront à honorer et à enrichir notre patrie.

Faut-il répondre à ceux qui croyent que la considération dont jouit un Représentant du peuple est en raison du traitement qu'il reçoit?

Ah ! loin de nous un pareil calcul qui serait injurieux à nos concitoyens et subversif de la morale républicaine.

Parmi les fonctions constitutionnelles, les plus belles à mon avis, sont celles des Administrateurs municipaux et des Représentans du peuple, et je trouve entre elles deux grands points de ressemblance.

1º. Les uns et les autres ont des rapports immédiats avec le peuple. Cela est évident pour les municipaux, et cela est également vrai pour les Représentans du peuple, parce que pour se rattacher au peuple ils passent au travers de tous les intermédiaires.

2º. Le Municipal n'est point salarié, et le Représentant du peuple ne l'est pas non plus. Non il ne l'est pas : la Constitution lui a attribué un *indemnité* et non un *salaire*. Son intention est évidemment que le Représentant du peuple soit indemnisé des frais extraordinaires que son déplacement lui occasionne, et, quoiqu'on en dise, elle y a très-suffisamment pourvu.

Tout ce qui se fait au-delà, n'est point avoué par elle et n'est rien moins que propre à relever la dignité de la Représentation Nationale.

Mais, me dira-t-on enfin, sachez respecter une loi rendue. Prétendez-vous vous ériger en censeur des deux Conseils ? et ne voyez-vous pas que vous risquez d'attirer l'attention du public sur un objet auquel il ne pensait peut-être déjà plus ?

Voici ce que je crois avoir à répondre.

1º. Je respecte sans doute toutes les lois existantes, mais il en est quelques-unes que je désirerais voir rapporter ou modifier. Je me permets de les désigner, sur-tout lorsqu'elles intéressent particulièrement le corps dont je fais partie.

2º. Je garderais peut-être le silence, si comme quelques personnes me l'avaient annoncé, la loi du 29 thermidor, avait obtenu l'assentiment au moins tacite du public. Mais j'ai cru appercevoir des indices certains du contraire.

Au surplus, cet écrit n'aura de publicité que pour les membres des deux Conseils. Il sera inconnu par-tout ailleurs et sur-tout dans les départemens.

j'ajouterai que les opinions sont libres, et que la mienne, dont-on ne m'otera pas la conviction, est qu'en m'expliquant comme je le fais, je défends autant qu'il est encore en mon pouvoir, la gloire du Corps Législatif et les intérêts de ma patrie.

3º.—Je ne veux enfin être le censeur de personne, excepté cependant d'un seul individu que j'ai bien le droit d'accuser, et cet individu là c'est moi-même.

Quand la résolution du 28 thermidor parvint au Conseil des Anciens, j'ignorais encore son existence et sur-tout je ne prévoyais pas le mode un peu précipité d'après lequel elle devait être mise aux voix.

Peu accoutumé à improviser, et certain de mon peu de talent pour le faire, je crus devoir laisser à des collègues plus capables et plus exercés, le soin de demander la parole.

Mais je ne trouve point du tout qu'une pareille conduite me justifie.

Et d'abord est-il bien tolérable qu'un législateur soit obligé de s'excuser ou sur son imprévoyance, ou sur une inepte timidité ? étais-je même bien recevable à alléguer mon ignorance ? la résolution dont il s'agit ne s'annonçait-elle pas depuis plusieurs jours par des mesures extraordinaires qui, pour en convenir en passant, n'avaient point cet air de publicité et de confiance qui caractérise ordinairement l'admission d'une proposition nouvelle dans le sanctuaire des lois ?

En pareilles circonstances, doit-on être pris au dépourvu ?

Tous ceux de mes collègues qui ont voté pour la résolution, n'ont certainement aucun reproche à se faire. Ils ont agi d'après leur conviction intime. Mais moi qui avais une opinion entièrement opposée, devais-je me contenter de voter contre la résolution ? Ne devais - je pas auparavant épuiser toutes mes forces pour la combattre ?

Je ne l'ai cependant pas fait.

Je suis donc inexcusable à mes propres yeux,

et je dois à bien plus forte raison l'être aux yeux du public.

Le tort que j'ai eu est le seul dont l'évidence me frappe :

Puisse-t-il être, en effet, le seul qui existe !

Puissai-je attirer sur moi seul tout l'odieux d'une mesure que je ne puis approuver, et voir, à ce prix, ma patrie délivrée des maux qui pourraient en être la suite !

Quelques personnes prétendent que la mesure en question est capable d'en imposer à nos ennemis, en leur démontrant la certitude et l'exubérance de nos ressources. Je désire qu'elle produise cet heureux effet; mais je l'attendrais avec plus de confiance d'une économie sévère dans toutes les dépenses publiques.

Mais, me dira-t-on encore, songez donc que vous allez déplaire; on dira que vous êtes une mauvaise tête; on dira...... Eh bien! que l'on dise. Si l'on s'inquiétait toujours par trop de ce qui pourra être dit, ou fait, on ne ferait soi-même rien de grand, rien d'utile, rien qui répondît au prix inestimable que chacun doit attacher tant à sa liberté individuelle, qu'à la liberté et à la félicité publiques.

Mes fonctions législatives sont sur le point de

finir, et avec elles mon inviolabilité. Je me pré-senterai alors à quiconque croira devoir s'annon-cer pour être ou mon juge ou mon ennemi.

En attendant j'ai le droit de dire ce que je pense sur les questions relatives à l'ordre public. J'userai de ce droit, et j'espère que je n'en mé-suserai jamais.

Que répondrai-je finalement à ceux qui me demanderont si j'ai la présomption de penser que mon avis influera sur la détermination du Corps Législatif ?

Sur quoi, leur dirai-je à mon tour, vous fon-dez-vous pour me supposer cette présomption ?

J'ai l'intime persuasion que le Corps Législatif va rapporter ou modifier la loi du 29 thermidor, et qu'il n'y a plus un instant à perdre pour qui-conque désire, de près ou de loin, concourir à cette louable mesure.

Je sais que mon opinion individuelle ne mérite pas de déterminer le Conseil des Cinq-cents. Je sais qu'elle doit passer et qu'elle passera presque ignorée et inapperçue. Mais pourquoi voudrait-on m'enlever la satisfaction de l'avoir émise et d'avoir par-là manifesté mon assentiment à une proposition, qui sans cela n'en aurait pas moins son effet.

C'est, à mon avis, le seul moyen qui me reste d'expier le tort que je crois avoir, et dont je n'ai en effet démontré ci-dessus que trop évidemment la réalité.

Je hâte donc, par tous mes vœux, le moment où le Corps Législatif, s'il ne rapporte pas la loi du 29 thermidor, en suspendra du moins l'exécution jusqu'à la paix générale.

9 Fructidor, an 6.

R A L L I E R, *Membre du Conseil des Anciens.*

De l'Imprimerie D'HACQUANT, rue de Vaugirard, aux ci-devant Carmes.

www.ingramcontent.com/pod-product-compliance
Lightning Source LLC
LaVergne TN
LVHW051037060726
842524LV00007B/2871